Die schönsten Gebete zur Nacht

Die schönsten Gebete zur Nacht

camino.

1. Auflage 2021
Ein camino.-Buch aus der
© 2021 Verlag Katholisches Bibelwerk GmbH, Stuttgart
Alle Rechte vorbehalten

Für die Texte der Einheitsübersetzung der Heiligen Schrift,
vollständig durchgesehene und überarbeitete Ausgabe
© 2016 Katholische Bibelanstalt, Stuttgart
Alle Rechte vorbehalten

Umschlaggestaltung: Finken & Bumiller, Stuttgart
Gestaltung und Satz: Olschewski Medien GmbH, Stuttgart

Hersteller gemäß ProdSG:
Druck und Bindung: Finidr s.r.o., Lípová 1965,
737 01 Český Těšín, Tschechische Republik
Verlag: Verlag Katholisches Bibelwerk GmbH
Deckerstraße 39, 70372 Stuttgart

www.bibelwerkverlag.de
ISBN 978-3-96157-146-8

INHALT

Abend sucht Ruhe und Dank
7

Abend sucht Schutz
43

Abend sucht Vergebung
73

Abend sucht neue Kraft
93

Abend sucht schöne Träume
117

Abend sucht Ruhe und Dank

Lieber Gott, kannst alles geben,
gib auch, was ich bitte nun:
Schütze diese Nacht mein Leben,
lass mich sanft und sicher ruh'n.

Sieh auch von dem Himmel nieder
auf die lieben Eltern mein,
lass uns morgen alle wieder
fröhlich und dir dankbar sein.

Volksgut

Nun geh ich, lieber Gott, zur Ruh,
schließe froh die Augen zu.
Für alles sei dir Dank gesagt,
was du mir gabst an diesem Tag.

Volksgut

In Frieden leg ich mich nieder und schlafe;
denn du allein, HERR, lässt mich sorglos wohnen.

Psalm 4,9

Nachtgebet

Ich bete meine Sehnsucht in die Nacht,
die schwer und düster mich umhüllt.
Das Dunkel kennt jetzt kein Erbarmen,
die gähnende Stille lässt sich nicht betören.
Ich merke auf und such nach dir.
Ob ich dich je wieder finden werde?
Es ist so still und unheimlich.
Ich bin ganz wach und sollte schlafen.
Herr, leg deine Hände über mich.
Streu deine Träume mir ins Herz.
Schenk meinem Denken leise Ruh.
Nimm meine Furcht und Traurigkeit.
Du sollst mir endlich Heimat sein!
Amen.

Christian Kuster

Abendlied

Mein Abendlied, o Gott,
mag leise dir erklingen
und all die vielen Wunder
noch einmal besingen.

Mein Tagewerk, o Gott,
bring ich bei dir zur Ruh,
wie nah und fern bist du.

Mein Dankgebet, o Gott,
ruft mit dem Abendstern dir zu,
wie groß und gut bist du.

Mein Fragelied, o Gott,
ertöne auch besorgt dir zu,
wo warst und bist jetzt du?

Mein Liebeslied, o Gott,
neigt sich beglückt dir zu,
wie stark und zart bist du.

Mein Kummerlied, o Gott,
steigt tränenreich dir zu,
wie traut und fremd bist du.

Dein Segenslied, o Gott,
schließt mir die Augen zu,
wie wahr und treu bist du.

Paul Weismantel

Gott segne und behüte dich!

Gott segne Dich am Morgen,
wenn der neue Tag vor Dir liegt
wie ein unbeschriebenes Blatt Papier.
Gott segne Dich am Mittag,
wenn Du im Trubel des Alltags fleißig dabei bist,
das Buch Deines Lebens zu schreiben.
Gott segne Dich am Abend,
wenn der Tag hinter Dir liegt,
Du Dir Dein beschriebenes Lebensblatt durchliest
und alles noch einmal Revue passieren lässt.
Gott segne und behüte Dich.
Jeden Tag aufs Neue.

Laura Heinrich

Gehst du zur Ruhe, so schreckt dich nichts auf,
legst du dich nieder, erquickt dich dein Schlaf.

Sprichwörter 3,24

Nimm dir Zeit zu träumen,
es ist der Weg zu den Sternen.

Irisches Segensgebet

Nun geh ich zur Ruh

Nun leg ich mich schlafen,
nun geh ich zur Ruh,
mein Vater im Himmel,
behüte mich, du!

Volksgut

Müde bin ich, geh zur Ruh,
schließe meine Augen zu.
Vater, lass die Augen dein
über meinem Bette sein.

Hab ich Unrecht heut getan,
sieh es, lieber Gott, nicht an,
deine Gnad und Jesu Blut,
machen allen Schaden gut.

Alle, die mir sind verwandt,
Gott, lass ruh'n in deiner Hand.
Allen Menschen, groß und klein,
sollen dir befohlen sein.

Kranke Herzen sende Ruh,
nasse Augen schließe zu,
lass den Mond am Himmel stehn
und die stille Welt besehn.

Luise Hensel (1798–1876)

mitgehender Gott
am Ende meines Tages
suche ich nach Lichtblicken
die heute ein Lächeln auf meine Lippen zauberten
die die Kraft in sich tragen
zu wertvollen Erinnerungen zu werden

ich vergegenwärtige mir
Düfte
die meine Nase betörten
Berührungen
die meine Sinne erweckten
Worte
die mein Innerstes erfreuten
Begegnungen
die mich bereicherten

jeder erfahrene Lichtblick funkelt
wie ein Stern am nächtlichen Himmel
und durchdringt mein Dankgebet

so gleite ich beglückt in die Stille des Schlafes
und weiß mich geborgen
in dir

Angelika Gassner

Festem Sinn gewährst du Frieden,
ja Frieden, denn auf dich verlässt er sich.
Verlasst euch stets auf den HERRN;
denn GOTT, der Herr, ist ein ewiger Fels.

Jesaja 26,3-4

Möge Gott auch das kleinste deiner Gebete erhören.

Irisches Segensgebet

Bevor des Tages Licht vergeht,
o Herr der Welt, hör dies Gebet.
Behüte uns in dieser Nacht
durch deine große Güt und Macht.

Hüllt Schlaf die müden Glieder ein,
lass uns in dir geborgen sein
und mach am Morgen uns bereit,
zum Lobe deiner Herrlichkeit.

Dank dir, o Vater reich an Macht,
der über uns voll Güte wacht
und mit dem Sohn und Heil'gen Geist
des Lebens Fülle uns verheißt.
Amen.

Hymnus der Komplet, 5. Jahrhundert

Bevor ich mich zur Ruh begeb

Bevor ich mich zur Ruh begeb,
ich Händ und Herz zu Gott erheb
und sage Dank für jede Gab,
die ich von ihm empfangen hab.

Und hab ich heut beleidigt dich,
verzeih mir's, Gott, ich bitte dich!

Dann schließ ich froh die Augen zu,
es wacht ein Engel, wenn ich ruh.

Maria, liebste Mutter mein,
o lass mich dir empfohlen sein!

Und du, mein Heiland Jesus Christ,
der du mein Gott und alles bist,
in deine Wunden schließ mich ein,
sie sollen meine Ruhstatt sein!

Volksgut

Von guten Mächten

Von guten Mächten treu und still umgeben,
behütet und getröstet wunderbar,
so will ich diese Tage mit euch leben
und mit euch gehen in ein neues Jahr.

Noch will das alte unsre Herzen quälen,
noch drückt uns böser Tage schwere Last.
Ach Herr, gib unsern aufgeschreckten
Seelen das Heil, für das du uns geschaffen hast.

Und reichst du uns den schweren Kelch,
den bittern des Leids,
gefüllt bis an den höchsten Rand,
so nehmen wir ihn dankbar
ohne Zittern
aus deiner guten und geliebten Hand.

Doch willst du uns noch einmal Freude schenken
an dieser Welt und ihrer Sonne Glanz,
dann wolln wir des Vergangenen gedenken,
und dann gehört dir unser Leben ganz.

Lass warm und hell die Kerzen heute flammen,
die du in unsre Dunkelheit gebracht,
führ, wenn es sein kann, wieder uns zusammen.
Wir wissen es, dein Licht scheint in der Nacht.

Wenn sich die Stille nun tief um uns breitet,
so lass uns hören jenen vollen Klang der Welt,
die unsichtbar sich um uns weitet,
all deiner Kinder hohen Lobgesang.

Von guten Mächten wunderbar geborgen,
erwarten wir getrost, was kommen mag.
Gott ist bei uns am Abend und am Morgen
und ganz gewiss an jedem neuen Tag.

Dietrich Bonhoeffer (1906–1945)

Gott unserer Zukunft, du schenkst denen Vergebung,
die zu dir umkehren.
Senke deine Gerechtigkeit und deinen Frieden in unser Herz,
damit wir bereit sind, wenn dein Sohn
Jesus Christus wiederkommt.
Amen.

Psalm-Gebet

Gott, das Licht deines Sohnes,
der war und sein wird,
scheine in unser Herz,
seine Güte befreie uns vom Bösen,
seine Kraft sei unsere Stütze.
Du, ewige Wahrheit, zerstreue das Dunkel
und tauche uns in dein wärmendes Licht.
Amen.

Segen

Gott der Zeiten und Ewigkeiten,
wir stehen am Abend dieses Tages
und bitten um Ruhe für Leibe und Seele.
Dein menschgewordener Sohn Jesus Christus
hat uns deinen Frieden gebracht,
der uns Geborgenheit in allen Finsternissen
unseres Daseins schenkt.
Wir danken dir für deine Liebe,
mit der du uns Menschen erfüllst heute Abend,
alle Tage, bis ans Ende unserer Zeiten.
Amen.

Gebet

Möge die Gegenwart Gottes uns in der Nacht leuchten,
möge sie uns in den vielen Gesichtern der Nacht begegnen,
möge sie Verletzung und Tränen zärtliche bedecken.
Dazu segne uns Gott wie Mutter und Vater
mit Ruhe und neuer Kraft.
Amen.

Segen

Aus dem Dickicht unserer Schuld rufen wir zu dir,
heiliger Gott.
Verlass uns nicht, verzeihe uns unsere Sünden
und schenke uns dein Heil.
Amen.

Psalm-Gebet

Am Ende eines Tages

Den Tag verabschieden
und zur Ruhe bringen,
wie ein Kind, das man
ins Bett bringt, damit
es gut schlafen kann.

Den Tag bedenken
und mich für das Gute
bedanken, das er mir
gebracht und geschenkt hat,
damit ich nicht vergesse,
dass nichts selbstverständlich ist.

Den Tag loslassen
und hinter mir lassen,
was hinter mir liegt,
um mich für die
kommende Nacht zu bergen
im verborgenen Du Gottes.

Den Tag abschließen
und gut beschließen,
im Vertrauen darauf,
dass auch im Dunkel der Nacht
Gottes Treue bei mir wacht.

Paul Weismantel

Segne, Vater, mich am Abend,
segne du das Herze mein.
Segne Vater und die Mutter,
segne die Geschwister mein.
Segne, die uns sind verwandt,
segne alle Leut' im Land.
Segne uns in allen Dingen,
wollst uns in den Himmel bringen.

Volksgut

Lieber Gott,
ich schaue auf den heutigen Tag zurück und danke dir,
dass du bei mir gewesen bist
und mir die Kraft gegeben hast,
ihn zu leben. Er war nicht immer einfach.
Manches ging fast über meine Kräfte.
Ich hoffe, dass ich an dem,
das mir heute so zu schaffen gemacht hat,
wachsen und reifen kann.
Über das, was offengeblieben ist,
werde ich einfach einmal schlafen.
Morgen kann ich mich dann mit neuen
Kräften wieder damit beschäftigen.
Erhalte in mir die Freude über alles,
was mir gelungen ist und die Dankbarkeit für das,
was mir geschenkt wurde – vor allem für die Menschen,
die einfach da sind, wenn ich jemanden brauche.
Genau genommen geht es mir ja nicht so schlecht.
Wegen der Fülle an Ereignissen
vergesse es aber gerne und auch,
dass deine Hand und dein Segen mich halten und begleiten.
So kann ich zuversichtlich
auf den morgigen Tag schauen.

Hanns Sauter

Wir grüßen dich, Christus,
heiteres Licht,
das uns am Abend aufscheint
und den Weg durch die Nacht führt.

Wir loben dich, Christus,
freundliches Licht,
du vertreibst alle Schatten
und zerbrichst das Dunkel unseres Lebens.

Wir bitten dich, Christus,
glänzendes Licht,
du wandelst Schmerz in Freude
und trocknest unsere Tränen.

Wir suchen dich, Christus,
wärmendes Licht,
in der Kälte unserer Not
und in der Unzulänglichkeit unseres Versagens.

Wir beten dich an, Christus,
göttliches Licht,
in dir erkennen wir den Vater
und loben dich im Geist.

Fabian Brand

Weißt du wieviel Sternlein stehen

Weißt du wieviel Sternlein stehen
an dem blauen Himmelszelt?
Weißt du wieviel Wolken gehen
weithin über alle Welt?
Gott, der Herr, hat sie gezählet,
dass ihm auch nicht eines fehlet,
an der ganzen großen Zahl,
an der ganzen großen Zahl.

Weißt du wieviel Mücklein spielen
in der hellen Sonnenglut?
Wieviel Fischlein auch sich kühlen
in der hellen Wasserflut?
Gott, der Herr, rief sie mit Namen,
dass sie all' ins Leben kamen,
dass sie nun so fröhlich sind,
dass sie nun so fröhlich sind.

Weißt du wieviel Kinder schlafen,
heute nacht im Bettelein?
Weißt du wieviel Träume kommen
zu den müden Kinderlein?
Gott, der Herr, hat sie gezählet,
dass ihm auch nicht eines fehlet,
kennt auch dich und hat dich lieb,
kennt auch dich und hat dich lieb.

Weißt du, wieviel Kinder frühe
stehn aus ihrem Bettlein auf,
Dass sie ohne Sorg und Mühe
fröhlich sind im Tageslauf?
Gott im Himmel hat an allen
seine Lust, sein Wohlgefallen,
kennt auch dich und hat dich lieb,
kennt auch dich und hat dich lieb.

Wilhelm Hey (1789-1854)

Weißt du, wie viel ...?

So beginnt das bekannte
Kinder-Gute-Nacht-Lied,
das auch für Erwachsene
sehr wertvolle Fragen und
Aussagen formuliert.

Wir können, davon ausgehend,
so manches auf die Bäume übertragen,
die uns umgeben
und weit in den Himmel ragen.

Wer weiß, wie viele Namen
wir Menschen den Bäumen
gegeben haben, um sie zu
bezeichnen und zu unterscheiden?

Wer weiß, wie viele Menschen
unter einem Baum Trost und Schutz
gefunden, wie viele ihnen
Halt gegeben haben?

Wer weiß, wie viele Bäume
Menschen zu so guten Freunden
geworden sind, mit denen
man sich schweigend versteht?

Wer weiß, wie viele Kinder
auf wie viele Bäume geklettert
sind, um in ihren Kronen zu
spielen oder sich zu verstecken?

Wer weiß, wie viele Menschen
sich von einem Baum haben in
seinen Bann ziehen lassen und von
seiner Majestät überwältigt waren?

Wer weiß, wie viele Liebende
unter einem Baum einander so
nahe gekommen sind, dass ihre
Herzen höher geschlagen haben?

Paul Weismantel

Zeitrennen

Ich blicke zurück auf den Tag und bemerke: Die Zeit rennt.
Und das Verrückte: Wir rennen mit.
Wir rennen mit der Zeit um die Wette.
Auf einem Schild in einer Stadt hieß es:
Der Zeit einen Schritt voraus.
Am besten noch schneller als die Zeit sein.
Wir hasten.
Wir eilen.
Kaum Raum zum Durch-atmen.
Ein-atmen.
Aus-atmen.
Wir sagen: „Ich habe keine Zeit."
– „Ich muss noch da hin und ich muss noch dort hin."
Wir meinen, wir dürften nichts verpassen
und müssten die Zeit bis
ins Letzte auskosten.
Die Zeit auskosten.
Die Sonne soll eigentlich gar nicht mehr untergehen.
Das Schlafen in der Nacht sei Zeitverschwendung,
sagte mir einmal jemand.
Rund um die Uhr funktionieren.
Aber was ist überhaupt Zeit? Ist sie wirklich messbar?
Was mache ich aus meiner Zeit?

Ich vergleiche die Zeit mit einem Zug,
der an mir vorbeirauscht.
Unheimlich schnell. Ich bin sprachlos.
Ich bin ohnmächtig. Am Ende gewinnt die Zeit doch.
Gott – ich lege diesen Tag in Deine Hände zurück.
Ich danke Dir für die Zeit,
in der ich über die Zeit nachdenken durfte.
Meine Zeit liegt – das weiß ich – in Deinen ewigen Händen.

Maria Schmitt

Nun tönt vom Turme nieder
Der Abendglocke Schall,
die Sonne geht zur Ruhe
und still wird's überall.

Hab Dank, dass du, o Vater,
so treulich uns bewachst,
gib uns und allen Menschen
nun eine gute Nacht.

Volksgut

Ich bereite dieses Bett
im Namen des Vaters und des Sohnes
und des Heiligen Geistes.
Ich mache es zurecht im Namen der Nacht,
in der wir empfangen,
im Namen der Nacht,
in der wir geboren wurden,
im Namen des Tages,
an dem wir die Taufe empfingen,
ja, im Namen jeder Nacht und jeden Tages.

Irisches Segensgebet

Ein schöner Tag war heute

So ein schöner Tag war heute,
lieber Gott, und so viel Freude
hast du wieder mir gemacht.
Dankbar sag ich: Gute Nacht!

Volksgut

Der Mond ist aufgegangen,
die gold'nen Sternlein prangen
am Himmel hell und klar;
der Wald steht schwarz und schweiget,
und aus den Wiesen steiget
der weiße Nebel wunderbar.

Gott, lass dein Heil uns schauen,
auf nichts Vergänglich's trauen,
nicht Eitelkeit uns freun!
Lass uns einfältig werden
Und vor dir hier auf Erden
wie Kinder fromm und fröhlich sein!

So legt euch denn, ihr Brüder,
in Gottes Namen nieder;
kalt ist der Abendhauch.
Verschon uns, Gott mit Strafen,
und lass uns ruhig schlafen
und unsern kranken Nachbarn auch!

Matthias Claudius (1740–1815)

Deine Hand war über mir

Herr, mein Gott,
ich danke dir,
dass du diesen Tag zu Ende gebracht hast,
ich danke dir,
dass du Leib und Seele
zur Ruhe kommen lässt.
Deine Hand war über mir
und hat mich behütet und bewahrt.
Vergib allen Kleinglauben
und alles Unrecht dieses Tages
und hilf, dass ich gern denen vergebe,
die mir Unrecht getan haben.
Lass mich in Frieden
unter deinem Schutze schlafen
und bewahre mich
vor den Anfechtungen der Finsternis.
Ich befehle dir die Meinen,
ich befehle dir dieses Haus,
ich befehle dir meinen Leib
und meine Seele.
Gott, dein heiliger Name sei gelobt.

Dietrich Bonhoeffer (1906–1945)

Ich danke dir, mein himmlischer Vater

Ich danke dir, mein himmlischer Vater,
durch Jesus Christus,
deinen lieben Sohn,
dass du mich diesen Tag
gnädiglich behütet hast,
und bitte dich,
du wollest mir vergeben
alle meine Sünde,
wo ich Unrecht getan habe,
und mich diese Nacht auch
gnädiglich behüten.
Denn ich befehle mich,
meinen Leib und meine Seele
und alles in deine Hände.
Dein heiliger Engel sei mit mir,
dass der böse Feind keine Macht
an mir finde!

Martin Luther (1483–1546)

Nun sich der Tag geendet,
mein Herz zu dir sich wendet
und danket inniglich;
dein holdes Angesichte
zum Segen auf mich richte,
erleuchte und entzünde mich.
Ich schließe mich aufs Neue
in deine Vatertreue
und Schutz und Herze ein;
die irdischen Geschäfte
und alle finstern Kräfte
vertreibe durch dein Nahesein.

Gerhard Tersteegen (1697–1769)

Ich lobe dich, Herr

Ich lobe, Herr, dich vor der Nacht.
Du hast mich heute reich gemacht
und Freude mir geschenkt.
Und deine Hand war über mir.
So danke ich, o Vater, dir,
der alle Schritte lenkt.

Volksgut

Kommt alle zu mir, die ihr mühselig und beladen seid!
Ich will euch erquicken.
Nehmt mein Joch auf euch und lernt von mir;
denn ich bin gütig und von Herzen demütig;
und ihr werdet Ruhe finden für eure Seele.
Denn mein Joch ist sanft und meine Last ist leicht.

Matthäus 11,28-30

Tag für Tag

Sie sind manchmal
nahezu unendlich lang
oder kurzweilig zugleich,
die Tage jeder Woche,
an denen Gott für dich
sorgt und dich segnet.

Sie kommen dir
so seltsam einsam oder
auch so überglücklich vor,
die Tage deines Lebens,
die dein Gott dir zutraut
und mit dir verbringt.

Sie werden dir
zur willkommenen
Überraschung und
nötigen Unterbrechung,
die Tage deines Glücks,
die dein Gott dir zufallen
und über dir aufgehen lässt.

Sie mögen dir
Frieden bringen und
zum Heil gereichen,
die Tage der Mühsal,
an denen du deinen Gott
suchst und anrufst, ohne
zu wissen, ob und wo
er sich finden lässt.

Sie bilden die Jahre deines Lebens,
die einzelnen Tage und fügen
sich ins große Ganze,
zum wunderbaren Kunstwerk,
das Gott für dich und mit dir
entworfen hat und gestalten will.

Paul Weismantel

Mögest du Ruhe finden,
wenn der Tag sich neigt,
und deine Gedanken noch einmal
die Orte aufsuchen,
an denen du heute Gutes erfahren hast.

Irisches Segensgebet

Gott allen Lebens, unsere Zeit steht in deinen Händen.
Heute Abend kommen wir nun zur Ruhe.
Lass unsere Seele in dir den Frieden finden, der alles,
was wir erfahren haben,
in deine Barmherzigkeit einschließt.
Schenke uns einen erholsamen Schlaf
und lass dein Angesicht über uns leuchten.
Darum bitten wir durch Christus,
unseren Bruder und Freund.
Amen.

Gebet

Nachtgedanken

Es leuchte dir
der Himmelslichter Zier;
ich sei dein Sternlein,
hier und dort zu funkeln.
Nun kehr ich ein;
Herr, rede du allein
beim tiefsten Stillesein
zu mir im Dunklen!

Gerhard Tersteegen (1697–1769)

Dein ist der Tag und die Nacht

Dein ist der Tag und dein ist die Nacht,
lass leuchten das Licht
deiner Wahrheit!
Vieles war heute gut,
schön und wertvoll ...;
ich danke dir dafür.
Anderes war halb, nutzlos und böse ...;
verzeih mir!
Du kennst mich, du liebst mich.
Dir vertraue ich.
Sei bei mir in der Ruhe der Nacht
und lass mich morgen
gesund erwachen!

Volksgut

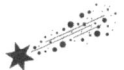

Vielmehr habe ich besänftigt,
habe zur Ruhe gebracht meine Seele.
Wie ein gestilltes Kind bei seiner Mutter,
wie das gestillte Kind, so ist meine Seele in mir.

Psalm 131,2

Gelobt seist du, Herr,
durch Bruder Mond und die Sterne.
Durch dich funkeln sie am Himmelsbogen
und leuchten köstlich schön.

Franz von Assisi (1181–1228)

Abend sucht Schutz

Lieber Gott,
als ich am frühen Morgen an das dachte,
was heute auf mich zukommen wird,
warst du schon bei mir.

Am Vormittag bist du mit mir gegangen,
hast mir zu Mittag eine Zeit des Auftankens geschenkt
und mich in den Nachmittagsstunden begleitet.

Menschen sind mir begegnet,
Aufgaben waren zu erfüllen,
Überlegungen anzustellen.

Den ganzen Tag hast du auf mich geschaut.
Jetzt, wo er zu Ende geht,
und schaue ich auf zu dir.

Deinen Händen vertraue ich an,
was mir heute gelungen oder
nicht gelungen oder unerledigt geblieben ist.

Dazu lege ich den Dank für alles hinein,
was mich gefreut und weitergeführt hat,
sowie für die Kraft, diesen Tag zu leben.

Ich empfehle dir die Menschen,
denen ich heute begegnet bin
und jene, die in meinem Herzen sind.

Zuletzt lege ich mich in deine Hände –
lass mich ich in dir ruhen
und morgen wieder mit dir leben.

Hanns Sauter

Möge das Licht der Sterne über allen Dingen strahlen,
die du tun wirst,
mögen sie dir den Weg weisen,
vor allem bei Nacht.

Irisches Segensgebet

Wer im Schutz des Höchsten wohnt,
der ruht im Schatten des Allmächtigen.

Ich sage zum HERRN: Du meine Zuflucht und meine Burg,
mein Gott, auf den ich vertraue.

Denn er rettet dich aus der Schlinge des Jägers
und aus der Pest des Verderbens.

Er beschirmt dich mit seinen Flügeln,
unter seinen Schwingen findest du Zuflucht,
Schild und Schutz ist seine Treue.

Du brauchst dich vor dem Schrecken der Nacht
nicht zu fürchten, noch vor dem Pfeil,
der am Tag dahinfliegt,

nicht vor der Pest, die im Finstern schleicht,
vor der Seuche, die wütet am Mittag.

Fallen auch tausend an deiner Seite,
dir zur Rechten zehnmal tausend,
so wird es dich nicht treffen.

Mit deinen Augen wirst du es schauen,
wirst sehen, wie den Frevlern vergolten wird.

Ja, du, HERR, bist meine Zuflucht.
Den Höchsten hast du zu deinem Schutz gemacht.

Dir begegnet kein Unheil, deinem Zelt naht keine Plage.

Denn er befiehlt seinen Engeln,
dich zu behüten auf all deinen Wegen.

Sie tragen dich auf Händen,
damit dein Fuß nicht an einen Stein stößt;

du schreitest über Löwen und Nattern,
trittst auf junge Löwen und Drachen.

Weil er an mir hängt, will ich ihn retten.
Ich will ihn schützen, denn er kennt meinen Namen.

Ruft er zu mir, gebe ich ihm Antwort.
In der Bedrängnis bin ich bei ihm,
ich reiße ihn heraus und bring ihn zu Ehren.

Ich sättige ihn mit langem Leben,
mein Heil lass ich ihn schauen.

Psalm 91

In das Dunkel der Nacht

In das Dunkel der Nacht
häng ich mein Verlangen,
wo es heimlich, still und seicht bedacht
mit Sterblichkeit umfangen.

Tränen fließen nächtens leise,
wenn des Schlafes Wächter sich entziehn.
Bitterkalt wird nun die lange Reise,
weil die sanften Träume fliehn.

Wirklichkeit ist nun zugegen,
ungeschminkt tritt sie hervor.
Wie mich sehnt nach deinem Segen!
Allerbarmer, tritt hervor!

Führe mich durch dunkle Stunden.
Leite mich auf rechter Bahn!
Dass den Nächten ich entbunden,
morgens wieder lachen kann.

Amen.

Christian Kuster

Lass mich in dir geborgen sein!

Guter Gott,
ich danke dir für diesen Tag,
für alles Gute,
das ich mit deiner Hilfe getan habe.
Ich bitte um Verzeihung für die Schuld,
die ich auf mich geladen habe.
Lass mich in dir geborgen sein!

Franz von Sales (1567–1622)

Guten Abend, gut' Nacht,
mit Rosen bedacht,
mit Nelklein besteckt,
schlupf unter die Deck'.
Morgen früh, wenn Gott will,
wirst du wieder geweckt.
Morgen früh, wenn Gott will,
wirst du wieder geweckt.

Verfasser unbekannt

Gebet in Zeiten von Verzweiflung

Lieber Herr Jesus,
hinter mir liegt ein Tag zum Verzweifeln,
vor mir liegt ein Tag, der mir Angst einflößt.
Alles fühlt sich eng an.
Wo sind die leichten Tage?
Mit einem Mal scheint alles verworren.
Bitte entwirre Du.
Komm mir zur Hilfe.
Mach, dass ich mich ein bisschen leichter fühlen darf;
heute abend,
morgen früh,
jeden Tag ein bisschen mehr, wenn es sein darf.
Mit Dir an meiner Seite
muss ich nicht gänzlich verzweifeln
und trotz Angst kann ich noch atmen.
Ich erbitte
Leichtigkeit und Zuversicht
hellere Tage
und ein tiefes Durchatmen.
Ich bin Dir so sehr dankbar,
dass Du mein Licht und meine Hoffnung bist.
Amen.

Diana Schmid

Im Namen Jesu schlaf ich ein,
Gott wolle mein Beschützer sein.
Lieber Heiland, diese Nacht,
halt an meinem Bettchen Wacht.
Alle Kinder groß und klein,
sollen dir empfohlen sein.

Volksgut

Bevor ich mich zur Ruh begeb,
zu dir, o Gott, mein Herz ich heb,
und sage Dank für jede Gabe,
die ich von dir empfangen habe.
Und hab ich heut' missfallen dir,
so bitt' ich dich: Verzeih es mir.

Dann schließ ich froh die Augen zu,
es wacht ein Engel, wenn ich ruh.
Maria, liebste Mutter mein,
lass mich dir empfohlen sein.

Volksgut

Abends, wenn ich schlafen geh',
vierzehn Engel bei mir stehn,
zwei zu meiner Rechten,
zwei zu meiner Linken,
zwei zu meinem Haupte,
zwei zu meinen Füßen,
zwei, die mich decken,
zwei, die mich wecken,
zwei, die mich weisen
ins himmlische Paradeis.

Um 1530, vertont von E. Humperdinck

Ich schenke, Gott, dir diesen Tag,
den du mir gabst, jetzt wieder;
auf das, was dir gefallen mag,
schau voller Güte nieder.

Behüte mich, die Eltern mein,
die Menschen all auf Erden.
Lass uns in deinem Frieden sein
und wie Geschwister werden.

Verfasser unbekannt

Segenswünsche

Ja, das wünsche ich uns,
dass wir uns trauen,
nachts zu den Sternen
aufzuschauen.

Ja, das wünsche ich uns,
dass wir uns stärken,
unsere Wunden nicht
zu verbergen.

Ja, das wünsche ich uns,
dass wir uns helfen,
unsere Hoffnung nicht
zu verwerfen.

Ja, das wünsche ich uns,
dass wir uns trauen,
aus Stolpersteinen
Brücken zu bauen.

Paul Weismantel

Gott, eh der Tag zu Ende geht,
suchen wir dich im Gebet,
danken heut für alle Gaben,
die wir von dir empfangen haben:
bitten dich für diese Nacht,
dass dein Engel uns bewacht.

Verfasser unbekannt

Frieden hinterlasse ich euch,
meinen Frieden gebe ich euch;
nicht, wie die Welt ihn gibt,
gebe ich ihn euch.
Euer Herz beunruhige sich nicht
und verzage nicht.

Johannes 14,27

Schon glänzt der gold'ne Abendstern.
Gut' Nacht, ihr Lieben, nah und fern,
schlaft ein in Gottes Frieden!
Die Blume schließt die Äuglein zu,
der kleine Vogel geht zur Ruh,
bald schlummern alle Müden.
Du aber schläfst und schlummerst nicht,
du treuer Gott im Sternenlicht,
dir will ich mich vertrauen.
O hab auf mich, dein Kindlein, Acht!
Lass mich nach einer guten Nacht
die Sonne fröhlich schauen.

Volksgut

An dem Tag, da ich mich fürchte,
setzte ich auf dich mein Vertrauen.
Auf Gott, dessen Wort ich lobe,
auf Gott vertraue ich,
ich fürchte mich nicht.
Was kann ein Fleisch mir antun?

Psalm 56,4-5

Bleibe bei uns, Herr!

Bleibe bei uns, Herr;
denn es will Abend werden
und der Tag hat sich geneigt.
Bleibe bei uns
und bei deiner ganzen Kirche!
Bleibe bei uns am Abend des Tages,
am Abend des Lebens,
am Abend der Welt!
Bleibe bei uns mit deiner Gnade und Güte,
mit deinem heiligen Wort und Sakrament,
mit deinem Trost und Segen!
Bleibe bei uns, wenn über uns kommt
die Nacht der Trübsal und Angst,
die Nacht des Zweifels
und der Anfechtung,
die Nacht des bitteren Todes!
Bleibe bei uns
und bei allen deinen Gläubigen
in Zeit und Ewigkeit!

Georg Christian Dieffenbach (1822–1901)

Zuversichtlich sein

Guter Gott!
Meine Angst bringe ich vor dich.
Sei mein fester Boden
unter den Füßen und ein sicherer Turm.
Meine Sorgen teile ich dir mit, hilf mir,
sie zu tragen und zu ertragen.
Meinen Schmerz klage ich dir,
ich möchte mich an dein Herz legen,
damit du mich spürst und mir hilfst.
Mein Vertrauen werfe ich auf dich,
ich lasse mich los, damit du mich auffangen kannst.
Meine Zuversicht auf dich richtet mich auf,
denn ich weiß, du meinst es gut mit mir
und am Ende wird alles gut.
Darauf baue ich in meiner Not.
Dann umgibt mich dein Erbarmen ganz und gar.
Vom Kopf bis zu den Füßen
fühle ich mich umfangen.
Aufgehoben bin ich bei dir
– von rechts nach links.
Ich danke dafür.

Roland Breitenbach

Viele Geschichten der Evangelien spielen sich nachts ab:
Als es Abend wird, drängt Jesus seine Jünger,
ins Boot zu steigen.
Doch die Fahrt auf dem See Genesareth
wird zur Katastrophe.
Gegenwind zieht auf, die Jünger rudern und rudern –
und kommen doch nicht vorwärts.
Es ist schon die vierte Nachtwache,
der Morgen zieht schon auf,
als ihnen Jesus plötzlich auf dem Wasser entgegenkommt.
Aber er nimmt sie gar nicht wahr,
er tut so, als wolle er an ihnen vorbeigehen.
Manche kennen solche Geschichten nur zu gut:
Wenn man sich in der eigenen Lebensnacht abmüht,
wenn das Leid schon gar kein Ende mehr nehmen will,
wenn die Kraft zum Weitermachen im Schwinden ist.
Wo ist er dann?
Warum bleibt Er seelenruhig am Ufer sitzen?
Warum will Er an mir vorübergehen?
Inmitten der Nacht, inmitten der größten Mühe
ist es Jesus, der den Jüngern zusagt:
Ich bin es, habt keine Angst.

Vorübergehen wollte er an ihnen wohl nie –
warum wäre er sonst über den See gekommen?
Er hat ihre Not schon gesehen, vom Ufer aus.
Er hat ihr Klagen schon längst gehört.
Er schenkt ihnen das,
was sie in dieser Nacht am Meisten brauchen:
Seine Nähe, sein Dasein.
Manchmal dauert es lange,
bis Er endlich bei uns ist.
Manchmal sogar bis zum Morgengrauen.
Doch auch durch die dunkelste Nacht hindurch
kann uns die Gewissheit tragen:
Er hat unsere Not schon wahrgenommen,
Er hat unser Klagen schon gehört,
Er hat unsere Sehnsucht nach ihm
schon verspürt.
Und dann kommt Er auch zu uns –
sogar über das Wasser gelaufen.

Fabian Brand

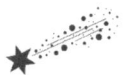

Nun Brüder eine gute Nacht,
der Herr im hohen Himmel wacht.
In seiner Güte uns zu behüten,
ist er bedacht.

Anton Wilhelm Florentin Zuccamaglio (1803–1896)

Herr, schenke uns Wahrheit, Klarheit und Ruhe!
Denn unser Denken
denkt in den Gedankenkäfigen des Denkbaren.
Du aber bist undenkbar
– erahnbar, analog aussagbar,
nicht verstehbar, aber vermutbar
– und doch verborgen und zu groß.
Du bist undenkbar.

Herr, schenke uns Wahrheit
– und dadurch Klarheit und Ruhe!
Doch was ist Wahrheit?
Muss ich springen
in die Ungewissheit der Wahrheit des Glaubens
oder darf ich im Dunkeln meines Herzens zweifeln?
Darf ich fragen:
Bist du, Christus, unsere Wahrheit?
Ist die Wahrheit Person?
Ist die Wahrheit Gott?
Wenn du, Herr, unsere Wahrheit bist, dann werden wir niemals ruhen,
niemals begreifen,
niemals schauen.
Dann sind wir im Denken verloren.

Denn du bist der Ozean und unsere Wahrheit ein Sandkorn,
du bist die Fülle des Alls und unser Erkennen nur ein Atom.
Das Unfassbare fassen kann ich nur,
wenn ich dich als wahren Menschen
und wahren Gott erkenne.
Unfassbar und fassbar zugleich,
unverfügbar und handhabbar zugleich,
verborgen und offenbar zugleich.
Das Geheimnis deines Seins ist meinem Leben Aufgabe
– bis ich dich und deine Wahrheit unverstellt
und klar sehen kann in deinem Licht.
Am Abend meines Erkennens setze ich
das Vertrauen in dich und deine unfassbare Fassbarkeit.
Am Abend halte ich dir meine leeren Hände entgegen,
damit der Morgen der Erkenntnis folgen kann.
In diesem Vertrauen, Herr,
schenke uns Wahrheit, Klarheit und Ruhe!
Amen.

Robert Mucha

Behüte mich, Gott, denn bei dir habe ich mich geborgen!

Ich sagte zum HERRN: Mein Herr bist du,
mein ganzes Glück bist du allein.

An den Heiligen, die im Land sind,
an den Herrlichen habe ich all mein Gefallen:

Zahlreich sind die Schmerzen derer,
die einem anderen Gott nacheilen.
Ich will ihre Trankopfer von Blut nicht spenden,
ich nehme ihre Namen nicht auf meine Lippen.

Der HERR ist mein Erbanteil, er reicht mir den Becher,
du bist es, der mein Los hält.

Die Messschnur fiel mir auf liebliches Land.
Ja, mein Erbe gefällt mir.

Ich preise den HERRN, der mir Rat gibt,
auch in Nächten hat mich mein Innerstes gemahnt.

Ich habe mir den HERRN beständig vor Augen gestellt,
weil er zu meiner Rechten ist, wanke ich nicht.

Darum freut sich mein Herz und jubelt meine Ehre,
auch mein Fleisch wird wohnen in Sicherheit.

Denn du überlässt mein Leben nicht der Totenwelt;
du lässt deinen Frommen die Grube nicht schauen.

Du lässt mich den Weg des Lebens erkennen.
Freude in Fülle vor deinem Angesicht,
Wonnen in deiner Rechten für alle Zeit.

Psalm 16

Gott unseres Heiles,
durch dich erfährt unser Leben Geborgenheit,
die die Welt nicht geben kann.
Entferne aus unserem Herzen alles, was uns von dir trennt,
und schenke uns die Erfahrung deiner Nähe.
Amen.

Psalm-Gebet

Herr, bleibe bei uns,
denn es will Abend werden
und der Tag hat sich geneigt!
Du bleibst mir nahe,
auch wenn ich selbst mir fern bin.
Du bist mein Trost,
wenn Träume mich erschrecken und ängstigen.
Sei besonders jenen nahe,
die in dieser Nacht deine Hilfe brauchen:
die Einsamen
die Verzweifelnden
die Kranken
die im Straßenverkehr Verunglückten
die Sterbenden.
Herr, bleibe bei uns,
in dieser Nacht,
in Zeit und Ewigkeit.
Amen.

Verfasser unbekannt

Gott, du Licht, das keinen Abend kennt,
durch die Auferstehung deines Sohnes Jesus Christus
hast du die Dunkelheiten unseres Lebens hell gemacht
und die Endgültigkeit des Todes überwunden.
Wir bitten dich: Sei hier zugegen,
Licht unseres Lebens
und schenke uns in dieser Nacht
deinen Frieden
durch Christus, unseren Bruder und Freund.
Amen.

Gebet

Gott, segne unsere Sterblichkeit.
Gott, mach uns behutsam
und zärtlich in unserer Endlichkeit.
Gott, lass uns bleiben in deiner Liebe
in dieser Nacht und in Ewigkeit.
Amen.

Segen

Dankt dem HERRN, denn er ist gut,
denn seine Huld währt ewig!

Alle Völker umringten mich,
ich wehrte sie ab im Namen des HERRN.

Sie umringten, ja, sie umringten mich,
ich wehrte sie ab im Namen des HERRN.

Sie umringten mich wie Bienen,
sie verloschen wie ein Feuer im Dorngestrüpp;
ich wehrte sie ab im Namen des HERRN.

Du stießest mich, ja, du stießest mich, dass ich stürzte,
doch der HERR hat mir geholfen.

Meine Stärke und mein Lied ist der HERR;
er ist für mich zur Rettung geworden.

Schall von Jubel und Rettung in den Zelten der Gerechten:
Die Rechte des HERRN, Taten der Macht vollbringt sie,

die Rechte des HERRN, sie erhöht, die Rechte des HERRN,
Taten der Macht vollbringt sie.

Ich werde nicht sterben, sondern leben,
um die Taten des HERRN zu verkünden.

Der HERR hat mich gezüchtigt,
ja, gezüchtigt, doch mich dem Tod nicht übergeben.

Psalm 118,1.10-18

Gott unserer Tage und Nächte,
unablässig ruft der Geist in uns nach dir.
Stille das Verlangen unserer Seele
mit der Erfahrung deiner Gegenwart.
Amen.

Psalm-Gebet

Gott unserer Tage, wir tragen viele Lasten mit uns.
Wenn nun die Nacht beginnt,
hilf uns das Wichtige des vergangenen Tages zu erkennen
und das Unnötige abzulegen.
Wir legen all unser Tun und Denken
in deine barmherzigen Hände und bitten dich:
Schenke uns einen ruhigen Schlaf
und bewahre uns in deiner Liebe durch Christus,
unseren Bruder und Freund.
Amen.

Gebet

In jeder Nacht, die mich umfängt,
darf ich in deine Arme fallen,
und du, der nichts als Liebe denkt,
wachst über mir, wachst über allen.
Du birgst mich in der Finsternis.
Dein Wort bleibt noch im Tod gewiss.

Jochen Klepper (1903–1942)

Gott
schütze dieses Haus und jeden,
der unter seinem Dach weilt.
Wenn mein Leib im Schlafe ruht,
sei Uriel zu meinen Füßen,
Ariel zu meiner Linken,
Rafael zu meiner Rechten,
Gabriel schütze mein Haupt.
Herr, lass Frieden sein
zwischen den Nachbarn,
Frieden zwischen den Familien,
Frieden zwischen den Liebenden.
Vergiss uns nicht,
wenn du deine Knechte zählst.
Führe uns durch das Weltdunkel väterlich
zum Licht des neuen Tages.

Irisches Segensgebet

Die Nacht ist vorgedrungen,
der Tag ist nicht mehr fern.
So sei nun Lob gesungen dem hellen Morgenstern.
Auch wer zur Nacht geweinet,
der stimme froh mit ein.
Der Morgenstern bescheinet
auch deine Angst und Pein.

Noch manche Nacht wird fallen
auf Menschenleid und -schuld.
Doch wandert nun mit allen der Stern der Gotteshuld.
Beglänzt von seinem Lichte,
hält euch kein Dunkel mehr:
von Gottes Angesichte kam euch die Rettung her.

Gott will im Dunkel wohnen
und hat es doch erhellt.
Als wollte er belohnen,
so richtet er die Welt.
Der sich den Erdkreis baute,
der lässt den Sünder nicht.
Wer hier im dem Sohn vertraute,
kommt dort aus dem Gericht.

Jochen Klepper (1903–1942)
Gotteslob 220, Strophe 1,4,5

Abendgebet der Kirche

Herr, auf Dich vertraue ich,
in Deine Hände lege ich mein Leben.

Sei unser Heil, o Herr, wenn wir wachen,
und unser Schutz, wenn wir schlafen;
damit wir wachen mit Christus
und ruhen in Seinem Frieden.

Nun lässt Du, Herr, Deinen Knecht,
wie Du gesagt hast, in Frieden scheiden.
Denn meine Augen haben das Heil gesehen,
das Du vor allen Völkern bereitet hast,
ein Licht, das die Heiden erleuchtet,
und Herrlichkeit für Dein Volk Israel.

Verfasser unbekannt

Unser Abendgebet steige auf zu dir, Herr,
und es senke sich auf uns herab dein Erbarmen.
Dein ist der Tag, und dein ist die Nacht.
Lass, wenn des Tages Schein vergeht,
das Licht deiner Wahrheit uns leuchten.
Geleite uns zur Ruhe der Nacht
und vollende dein Werk an uns in Ewigkeit.

Verfasser unbekannt

Abend sucht Vergebung

Ich rufe zu Gott, ich schreie,
ich rufe zu Gott, dass er mich hört.

Am Tag meiner Not suchte ich den Herrn;/
unablässig erhob ich nachts meine Hände,
meine Seele ließ sich nicht trösten.

Denke ich an Gott, muss ich seufzen;
sinne ich nach, dann will mein Geist verzagen.

Offen gehalten hast du die Lider meiner Augen;
ich war aufgewühlt und konnte nicht reden.

Ich sann nach über die Tage der Vorzeit,
über längst vergangene Jahre.

Ich denke an mein Saitenspiel,
während der Nacht sinne ich nach in meinem Herzen,
es grübelt mein Geist.

Wird der Herr denn auf ewig verstoßen
und niemals mehr erweisen seine Gunst?

Hat seine Huld für immer ein Ende?
Hat aufgehört sein Wort für alle Geschlechter?

Hat Gott vergessen, dass er gnädig ist?
Oder hat er im Zorn sein Erbarmen verschlossen?

Da sagte ich: Das ist mein Schmerz,
dass die Rechte des Höchsten so anders handelt?

Ich denke an die Taten des HERRN,
ja, ich will denken an deine früheren Wunder.

Ich erwäge all deine Taten
und will nachsinnen über dein Tun.

Psalm 77,2-13

Lieber Gott,

an Dich darf ich mich immer wenden.
Dafür lobe und preise ich Dich.

Ich danke Dir,
dass Du wieder und wieder
Dein Ohr mir zuneigst.

Oft bin ich so hilflos ohne Dich.
Ich mache dies und tue das,
in so guter Absicht
und doch erweist sich vieles
als falsch.
Das eine ergibt das andere,
es ergeben sich
Spannungen und Schieflagen.
Das schreit nach Vergebung.

So schreie ich zu Dir nach Vergebung.
Für meine Ungereimtheiten,
für die verzerrten Dinge,
für die zerrütteten Beziehungen,
für so manche Disharmonie
und für die ganz schlimmen
Konflikte und Auseinandersetzungen.

Bitte Herr, vergib Du mir.
Nimm meinen Teil der Schuld weg,
sodass ich mit mildem Herzen
schauen kann
auf die vermeintliche
Teilschuld der anderen.
Bitte stimme mich gnädig
und lass mich auch realistisch schauen.

Guter Gott, nach Deinem Maß
soll Vergebung stattfinden.
Bitte mache mich bereit dafür.
Und zeig mir die nächsten Schritte,
die ich zu gehen habe,
damit alles wieder besser werden darf,
damit ich meine Schuld an diesen Angelegenheiten
als erstes von Dir
und dann von den anderen
verziehen bekomme.

Ich danke Dir für Deine Milde und Güte und Barmherzigkeit.
Amen.

Diana Schmid

An Gottes Segen

Um den reichlichen Segen
der Sehnsucht wollen wir beten
für Arme und Verarmte,
für Mühselige und Beladene.

Um den stärkenden Segen
der Sehnsucht wollen wir bitten
für Müde und Geschwächte,
für Ängstliche und Gehetzte.

Um den tröstlichen Segen
der Sehnsucht wollen wir beten
für Enttäuschte und Mutlose,
für Traurige und Trostlose.

Um den helfenden Segen
der Sehnsucht wollen wir bitten
für Überforderte und Leidende,
für Gekränkte und Kraftlose.

Um den schützenden Segen
der Sehnsucht wollen wir beten
für Verlassene und Verwaiste,
für Fremde und Heimatlose.

Paul Weismantel

Du hast mit allen Erbarmen, weil du alles vermagst,
und siehst über die Sünden der Menschen hinweg,
damit sie umkehren.

Weisheit 11,23

Danke für alles Gute

Bevor der Tag zu Ende geht,
hör, lieber Gott, noch mein Gebet:
Für alles Gute dank ich dir.
War ich nicht brav, verzeih es mir!

Volksgut

Am Abend dieses Tages
blicke ich auf das zurück,
was ich heute erleben und erfahren durfte
und lege es dir, Gott,
in deine schützende Hand.

Am Abend dieses Tages
denke ich dankbar an das,
was mir heute Gutes geschenkt wurde
und preise dich, Gott,
für alles, was du mich erleben lässt.

Am Abend dieses Tages
erinnere ich mich an die Menschen,
denen ich heute begegnen konnte
und ich vertraue sie dir, Gott,
in meinem Gebet an.

Am Abend dieses Tages
schaue ich auch auf das,
was heute nicht gelungen ist
und ich bitte dich, Gott,
dass du es in deiner Liebe vollendest.

Am Abend dieses Tages
gehe ich vertrauensvoll auf die Nacht zu,
ich lege alles vor dich hin
und ich glaube, Gott,
dass du mich mit deiner Gegenwart umfängst.

Fabian Brand

Lieber Gott, ich schlafe ein.
Sag den leiben Engel dein,
dass sie auch in dieser Nacht
halten bei mir treue Wacht.

Verfasser unbekannt

Die Stille des Abends
möge stets deine Seele berühren.

Irisches Segensgebet

Ruf aus der Schwere

Ich lege mein Körpergewicht auf der Matratze ab.
Eigentlich müsste ich mich jetzt ganz leicht fühlen.
Doch nichts fühlt sich leicht an.
Auf mir lasten schwere Gedanken.
Meine Gefühle erdrücken mich.
Alles drückt mich nur noch tiefer in die Matratze.
Ich muss loslassen lernen.
Ich muss diesen Ballast abgeben.
Mir wird das alles zu schwer.
Ich begreife, dass ich das nicht allein richten kann.

„Herr Jesus:
In all meiner Schwere rufe ich Dir entgegen.
Bitte mach, dass die Last wieder leichter wird.
Schenk mir die richtige Sichtweise,
lass mein rasendes Herz zur Ruhe kommen,
besänftige meine Seele.
In Dir finde ich Ruhe, die ich so dringend brauche.
Bitte mach, dass ich mich wieder leichter fühle.
Nur diese eine Nacht.
Und morgen, da rufe ich wieder zu Dir.
Ich weiß, dass ich mit meiner Last nicht allein bin.

Du bist bei mir,
wissend um meine Schwere,
wissend um mein Herz,
wissend um meine Seele.
Lieber Herr Jesus,
danke, dass ich Dir das anvertrauen durfte.
Ich rühme und ich preise dich.
Amen".

Diana Schmid

Gott des Heiles und der Ganzwerdung,
dein Sohn Jesus Christus ist das königliche Licht,
das in die Welt gekommen ist.
Mache unser Herz heil durch seine heilende Liebe
und seinen Frieden,
damit wir als befreite Menschen
aus deiner Güte leben.
Amen.

Psalm-Gebet

wenn mir die Nacht Angst macht
ich mich nicht in sie hineingleiten traue
wenn ich mich drehe und wende
und meine Seele nicht zur Ruhe kommt
dann ist es Zeit

zu lassen
das was mich bedrückt
das was mich belastet
das was mich verzehrt
das was mich gefangen hält

loszulassen
in deine Hände
tragender und bergender Gott
in deine Gedankenwelt
in deine Vollendungskraft
in deine Lösungskraft
in deine Liebeskraft

mich darauf zu verlassen
dass du mich trägst
dass du mich aushältst
dass du mir verzeihst
dass du mir Wege weist

ich lasse mich ein
auf deine Begleitung
lasse deine schützende Nähe zu

ich gehe gelassen mit
denn
du gehst mir voraus
ebnest mir die Bahn
führst mich
immer wieder zurück
in meine Mitte
in mir

Angelika Gassner

Du hast wieder Gefallen gefunden, HERR,
an deinem Land, du hast Jakobs Unglück gewendet.

Du hast deinem Volk die Schuld vergeben,
all seine Sünden zugedeckt.

Du hast zurückgezogen deinen ganzen Grimm,
du hast dich abgewendet von der Glut deines Zorns.

Wende dich uns zu, du Gott unsres Heils,
lass von deinem Unmut gegen uns ab!

Willst du uns ewig zürnen,
soll dein Zorn dauern von Geschlecht zu Geschlecht?

Willst du uns nicht wieder beleben,
dass dein Volk an dir sich freue?

Lass uns schauen, HERR,
deine Huld und schenk uns dein Heil!

Ich will hören, was Gott redet:
Frieden verkündet der HERR
seinem Volk und seinen Frommen,
sie sollen sich nicht zur Torheit wenden.

Fürwahr, sein Heil ist denen nahe,
die ihn fürchten, seine Herrlichkeit wohne in unserm Land.

Es begegnen einander Huld und Treue;
Gerechtigkeit und Friede küssen sich.

Treue sprosst aus der Erde hervor;
Gerechtigkeit blickt vom Himmel hernieder.

Ja, der HERR gibt Gutes und unser Land gibt seinen Ertrag.

Gerechtigkeit geht vor ihm her
und bahnt den Weg seiner Schritte.

Psalm 85,2-14

Bleibe bei uns
am Abend des Tages,
am Abend des Lebens,
am Abend der Welt.
Bleibe bei uns
mit deiner Gnade und Güte,
mit deinem heiligen Wort
und Sakrament,
mit deinem Trost und Segen.

Georg Christian Dieffenbach (1822–1901)

Gruß an Maria

Maria, Himmelskönigin,
der Engel hohe Herrscherin,
o Wurzel, der das Heil entsprießt,
du Tor des Lichtes, sei gegrüßt.

Freu dich, du bist an Ehren reich,
dir ist an Gnaden keine gleich.
Ach bitt für uns an Gottes Thron
bei Jesus, deinem lieben Sohn.

Rottenburger Gesangbuch (1867)
Nach „Ave Regina caelorum" (GL 666,2)

Gib uns Tag für Tag mehr Liebe!

Haben wir diesen Tag gelebt,
Herr, wie es dir gefällt?
Sind wir geduldig,
schlicht und liebevoll gewesen?
Haben wir Zeit gehabt für jene,
die zu uns kamen?
Haben wir geantwortet, wenn sie fragten?
Haben wir sie in ihrer Trauer getröstet?
Haben wir sie ermuntert,
bis sie froh wurden?
Haben wir mit ihnen
in ihrem Leid gebetet?
Haben wir ihnen Brot gegeben
und auch Blumen?
Sind wir ihnen als Bruder,
als Schwester begegnet?
War das nicht so, dann verzeihe uns!
War es aber so,
dann war es nicht genug.
Gib uns Tag für Tag mehr Liebe, Herr,
bis zum großen Licht deiner Unendlichkeit!

Charles de Foucauld (1858–1916)
(Abendgebet der „Kleinen Brüder und Schwestern")

Dem Dunkel am Ende des Tages gehen wir entgegen.
Nur durch dich, Gott, erkennen wir: Die Dunkelheit ist Licht!

In der Leere und Verlassenheit der Nacht,
in dem Geworfensein auf mich selbst erkenne ich: dich!
Das Geheimnis, das du Gott mir bist,
sehe ich wie im Spiegel – erkenne es im Dunkel der Nacht.
So wie die Dunkelheit mich umgibt, umgibst du mich.
Doch nicht drohend und kalt,
sondern in aller Leere dennoch warm und nah.
In der Stille offenbarst du dich mir
und offenbarst du mich mir:
Ich sehe klar in der Stille der Nacht
– meine Taten, Ängste und Hoffnungen.
Ich fokussiere klar in der Stille der Nacht
– auf das Gestern, das Heute und das Morgen.
Ich werde klar in der Stille der Nacht und Dunkelheit
– mir selbst und dir, großer Gott und König.
Wandle meine Leere in deiner Leere zu einer neuen Fülle.
Denn das Leben in Fülle verheißt du
– Zielpunkt allen menschlichen Strebens.
Nach diesem Moment der Klarheit in meiner täglichen Nacht
schenkst du den neuen Tag als Raum der Bewährung.

Herr, gib mir die Gnade,
den Tag zu nutzen und die Nacht zu heiligen!
Gib mir den Glauben,
in der Leere meiner Stunden und Nächte,
deine Fülle und dein Licht zu sehen.
Denn es ist da – DU bist da
– heilige Leere, lichte Dunkelheit!

Robert Mucha

Christus, Trost der ganzen Welt.
Schenke allen Menschen,
die ein Leid erfülltes Dasein fristen,
Männer und Frauen,
die ihnen beistehen und helfen.
Schau auf die Nöte,
die wir nun (in Stille) vor dir ausbreiten.
Wandle das irdische Leben unserer Verstorbenen
zur ewigen Vollendung.

Fürbitten

Guter Gott, behüte alle,
die heute Nacht
wach liegen, weinen oder
über andere wachen;
und lass deine Engel
die beschützen, die schlafen.
Tröste die Kranken, gib Ruhe
den Erschöpften,
segne die Sterbenden
und sei Schutz
den Glücklichen um
deiner Liebe willen.

Aurelius Augustinus (354–430)

Abend sucht neue Kraft

Mein Gott,
was war heute nur los!
So einen Tag möchte ich nicht noch einmal erleben!
Gelungen ist mir so gut wie nichts,
dafür ist umso mehr liegen geblieben,
wenn nicht gar danebengegangen.
Ich konnte mich einfach auf nichts konzentrieren.
Höchste Zeit, dass er zu Ende geht
bevor ich an mir verzweifle!
Ein Glück, dass es auch noch Morgen gibt,
und dich,
dem ich meinen Frust erzählen kann,
und der mir hoffentlich zuhört.

Hanns Sauter

Nächtlicher Segen

Die Mitte der Nacht
ist schon der Anfang eines neuen Tages.
Lass das Dunkle hinter dir,
vergiss die Nacht,
freue dich auf den Segen des Lichts.
Freue dich auf deinen Tag!

Roland Breitenbach / Stefan Philipps

Tue, was du kannst,
und bete um das,
was du nicht kannst,
so wird Gott dir geben,
dass du es kannst.

Aurelius Augustinus (354–430)

Herzensfenster

Dunkel
ist es vorm Fenster
und dunkel
in meinem Herzen.

Das fühlt sich
wie eine endlose
dunkle Nacht für mich an.

Schaue ich raus,
sehe ich nichts.

Schaue ich länger raus,
tun sich am Nachthimmel
einige Sterne auf.

Mit einigen Sternen
vorm Fenster
ist es nicht mehr ganz dunkel
da draußen,
das merkt auch mein Herz.

Ich freue mich an den Sternen.
Dass sie für mich aufgegangen sind.
In dieser Gewissheit schlafe ich ein.

Diana Schmid

Der du bist
drei in Einigkeit,
ein wahrer Gott von Ewigkeit;
die Sonn' mit dem Tag von uns weicht:
Lass leuchten uns dein göttlich Licht.
Des Morgens, Gott, dich loben wir,
des Abends auch beten für dir,
unser armes Lied rühmt dich
jetzt und immer und ewiglich.
Gott Vater, dem sei ewig Ehr,
Gott Sohn der ist der einig' Herr,
und dem Tröster heiligen Geist,
von nun an bis in Ewigkeit.

Martin Luther (1483–1546)
nach dem Hymnus „O lux beata trinitas"

Dein ist das Dunkel der Nacht

Herr, du hast uns geschaffen
und unser Herz ist unruhig,
bis es Ruhe findet in dir.

Dein ist das Licht des Tages.
Dein ist das Dunkel der Nacht.
Das Leben ist dein und der Tod.
Ich selbst bin dein und bete dich an.

Lass mich ruhen in Frieden,
segne den kommenden Tag
und lass mich erwachen,
dich zu rühmen!

Aurelius Augustinus (354–430)

Beugt euch also in Demut unter die mächtige Hand Gottes,
damit er euch erhöht, wenn die Zeit gekommen ist!
Werft alle eure Sorge auf ihn,
denn er kümmert sich um euch!

1. Petrus 5,6-7

Einfach so

Die Augen schließen,
tief Luft holen,
kräftig ein- und ausatmen
und nur da sein,
sonst nichts.

Die Anspannung spüren,
mit dem Ausatmen loslassen,
was mich innerlich bedrückt,
das, was mich so sehr plagt,
mich entsorgen, indem ich
alles Gott überlasse.

Mir nicht den Kopf zerbrechen,
nicht die Zähne zeigen
oder zusammenbeißen,
mich nicht verhärten,
sondern die Stirn entspannen,
gute Gedanken fließen lassen,
entwickeln und aussprechen.

Paul Weismantel

Glaubensbekenntnis

Ich glaube an Gott.

Ich glaube daran,
dass es Gott gibt,
dass er da ist und mir hilft,
wenn ich in Not bin.

Ich glaube daran,
dass Gott keinen Menschen fallen lässt
und dass er uns die Sünden vergibt.

Ich glaube daran,
dass Jesus Christus für mich
und für alle Menschen gestorben ist.

Ich glaube daran,
dass Gott uns seinen Sohn geschickt hat,
um uns nahe zu sein,
um mir nahe zu sein.

Ich glaube daran,
dass Gott immer bei mir ist,
immer ein offenes Ohr für mich hat
und nicht lacht über meine Schwächen und Fehler.

Ich glaube daran,
dass Gott mir hilft,
meine Probleme und Fehler zu überwinden.

Ich glaube daran,
dass Gott mich liebt,
dass Gott mich so liebt wie ich bin
trotz allem, was ich falsch mache.
Einfach so.

Das ist der Grund, warum ich glaube.
Amen.

Luzia Rieß

Ich legte mich nieder und schlief,
ich erwachte, denn der HERR stützt mich.

Psalm 3,6

Stütze und Hilfe

Du, guter Gott,
liebst uns ALLE,
Du bist für jeden von uns da.

Für diejenigen, die ehrgeizig,
mutig und zielstrebig sind,
die ihren Lebensweg bereits gefunden haben
und ihren Plan kennen.

Aber auch für diejenigen,
die nicht so erfolgreich sind,
denen es schwerfällt,
ihren Alltag zu meistern,
die mit verschiedenen Situationen
nicht so gut zurechtkommen
und manchmal plan- und ziellos sind.

Du bist uns
in den verschiedenen Situationen unseres Lebens
Stütze und Hilfe,
auch wenn wir es nicht immer sofort erkennen und verstehen.

Für Dein Dasein für uns
und Deine Liebe zu uns
danken wir Dir.
Amen.

Laura Maurer

Ganz bei dir geborgen

Lieber Gott, ich schlafe ein.
Lass mich ganz geborgen sein!
Die ich liebe, schütze du!
Decke allen Kummer zu!
Kommt der helle Sonnenschein,
lass mich wieder fröhlich sein!

Volksgut

Beherzt beten

Beim Beten nicht plappern,
keine künstlichen Worte machen,
nicht „mundwerken", sondern
ganz einfach das Herz zu Gott
erheben, es aufgehen lassen,
um es bei ihm auszuschütten.

Beim Beten keine halbherzigen
Lippenbekenntnisse ablegen,
sondern aus tiefstem und
von ganzem Herzen Gott
anvertrauen, was ich alles
auf dem Herzen habe.

Beim Beten nicht pausenlos
noch gnadenlos fromme Sprüche
aufsagen, sondern tief Luft holen,
endlich aufatmen können, um
freier zu atmen, um neue
Seelenkräfte zu schöpfen.

Beim Beten sich nicht kleiner
noch größer, nicht besser noch
schlechter darstellen müssen,
sondern die zu sein, die wir sind
in unserer Würde und Sünde,
mit unserer Bitte um viel Erbarmen.

Beim Beten sich nicht mit anderen
vergleichen noch auf sie schielen,
sondern zu sich selbst stehen,
die je eigene Verantwortung
wahrnehmen, die ich vor Gott für
meine Nächsten und mich habe.

Beim Beten keine Selbstrechtfertigung
abgeben, mit Gott keinen Kuhhandel
treiben, sondern ihm Zeit schenken und
sich lassen, ihm Ehre erweisen und sich
von ihm sagen lassen, worauf es ankommt,
sich von ihm helfen und stärken lassen.

Paul Weismantel

Gott, segne den Mond
hoch über mir.

Gott, segne die Erde
unter meinem Schritt.

Gott, segne Frau und Kinder
und alle, die bei mir wohnen.
Ja, segne mich selbst, du mein Gott.

Gott, segne alles,
worauf mein Blick ruht.

Gott, segne alles,
worauf meine Hoffnung baut.

Gott, segne meinen Verstand und Willen.
Ja, du Gott des Lebens, gib deinen Segen.

Irisches Segensgebet

Meine Hilfe kommt vom HERRN,
der Himmel und Erde erschaffen hat.
Er lässt deinen Fuß nicht wanken;
dein Hüter schlummert nicht ein.
Siehe, er schlummert nicht ein
und schläft nicht, der Hüter Israels.
Der HERR ist dein Hüter,
der HERR gibt dir Schatten zu deiner Rechten.
Bei Tag wird dir die Sonne nicht schaden
noch der Mond in der Nacht.
Der HERR behütet dich vor allem Bösen,
er behütet dein Leben.

Psalm 121,2-7

Bleibe bei mir

Lieber Vater, ich danke dir,
bleib auch diese Nacht bei mir!
Amen.

Volksgut

Zusagen

Da antwortete Gott dem Mose: Ich bin, der ich bin.

Exodus 3,14

Die schönste Zusage:
Es ist gut, dass es dich gibt.

Gott spricht zu dir:
In das Schwere von gestern
und in das Ungewisse von morgen
sage ich dir: Ich bin da.

In der Sorge für andere
und in den Schmerz deines Versagens
sage ich dir: Ich bin da.

In das Spiel der Gefühle
und in die Trauer der Enttäuschungen
sage ich dir: Ich bin da.

In das Glück der Beziehungen
und in die Langeweile des Betens
sage ich dir: Ich bin da.

In die Gewöhnlichkeit des Alltags
und in die Weite der Träume
sage ich dir: Ich bin da.

In die Gesundheit und Krankheit
und in die Ängste und Hoffnungen
sage ich dir: Ich bin da.

In deiner Sehnsucht nach mehr,
in deine Suche nach Sinn
sage ich dir: Ich bin da.

In deine letzte Stunde,
in den letzten Schlag deines Herzens,
in deinen letzten Atemzug
sage ich dir: Ich bin da.

Roland Breitenbach

Der HERR segne dich und behüte dich.
Der HERR lasse sein Angesicht
über dich leuchten und sei dir gnädig.
Der HERR wende sein Angesicht dir zu
und schenke dir Frieden.

Numeri 6,24-26

Wissen tröstet nicht.
Haben tröstet nicht.
Planen tröstet nicht.

Wohin leben wir, Gott?
Wir leben ins Perfekte hinein,
doch im Vergleich bestehen wir nicht:
Das Schönere lässt uns als hässlicher zurück,
das Bessere als schlechter,
das Klügere als dümmer.

Wem genüge ich, Herr?
Mir selbst meist nicht ...
– und dir?

Ja, DIR genüge ich!
Und es ist mir peinlich,
weil das unperfekte Leben aus allen meinen Poren strahlt
und du mich trotzdem anstrahlst mit deiner endlosen Liebe.

Du!
Die strahlende Perfektion,
die mein Stückwerk adelt und segnet.
Die strahlende Gottheit, die mich anblickt.
Der strahlende,
aber blutende Gott,
der sich noch vom Kreuz her mir zuneigt.
Uns, den Zerschlagenen, wendet sich der Zerschlagene zu.

So wirst DU mir zum Trost –
zu wissen, dass das Hässliche angenommen ist,
das Schlechte sich zur Besserung ausleben kann
und das Nichtwissen in uns der Erkenntnis weichen wird.
Du bist mein Trost, o Herr, am Abend dieses Tages.
Nimm mein unfertiges Leben an
und schenke es mir morgen erfrischt
von deinem Glanz zurück,
auf dass ich auf dich hinwachse
und dir ähnlicher werde
bis zum letzten Tag,
den du mir schenken willst.

Amen.

Robert Mucha

Gespräch mit Jesus am Abend

Jesus, heute Abend möchte ich endlich einmal loswerden,
was mich zurzeit so beschäftigt.
In der Welt geht es drunter und drüber.
Wo ich hinschaue Machtspiele, Konflikte, Hunger,
Kriegstreiberei, Flüchtlingselend, Naturkatastrophen.
Täglich bringen die Medien neue Schreckensmeldungen.
Auch die Apelle, Unterschriftenlisten, Hintergrundberichte,
Spendenaufrufe, Bilder von Elendsvierteln,
die sich daran anschließen, sind nicht mehr zum Aushalten.
Es wird einfach zu viel. Ich verstehe nicht,
warum das alles so sein muss.
Damit ich nicht in Depressionen falle,
schalte ich dann ab – nur um mich gleich zu fragen,
ob das die richtige Reaktion ist.
Ich fühle mich halt macht- und hilflos.

Wie mag es dir ergehen – nach alldem,
was du für uns Menschen getan hast?
Du hast gesehen, wie sehr sich die Menschen
von dem wegentwickelten, was sie eigentlich sein sollten –
Gottes Ebenbild – und in welche Widersprüche
sie sich verwickelten, wie egozentrisch
und kleinlich sie denken, wie rücksichtslos sie vorgehen.
All das hat dir keine Ruhe gelassen,
so dass du auf die Erde gekommen bist, um zu zeigen,
dass es auch anders gehen kann.

Du bist auf die Menschen zugegangen,
hast keinen verurteilt, sondern auf Barmherzigkeit,
Liebe und Vertrauen gesetzt.
Gegen alle Widerstände hast du dies vorgelebt
und darauf gehofft, viele Nachahmer zu finden.
Ob es jemals genug sind? Ich sehe nicht,
dass sich in der Welt viel verändert hat.
Warum nur ignorieren dich so viele Menschen?
Warum schätzen sie dich angeblich,
nehmen aber dein Beispiel kaum ernst?
Warum nur machen sie immer wieder die gleichen Fehler?
Warum nur ...? An deiner Stelle wäre ich bitter enttäuscht.

Jesus, heute Abend möchte ich dir einmal sagen,
dass ich dich grenzenlos bewundere,
und dir ausdrücklich danken.
Dein Vertrauen an das Gute im Menschen ist
offenbar unerschöpflich.
Du hast eine wirklich göttliche Geduld.
Ich kann nur wieder einmal versuchen,
mich an dir zu orientieren,
auch wenn das, was ich tun kann,
eher der berühmte Tropfen auf dem heißen Stein ist.
Doch füge hinzu, was fehlt und segne,
was mir und auch dir ein Anliegen ist. Danke!

Hanns Sauter

Gott um neue Kraft bitten

Lieber guter Gott,
Du stärkst mich immer wieder.
Dafür danke ich Dir.
Heute trete ich schwach vor Dich.
An diesem Abend angekommen
liegt ein intensiver Tag hinter mir.
Ich erbitte von Dir
neue Kraft.
Ich vertraue ich mich Dir an
ich gebe mich Dir ab
in dieser Nacht
und Nacht für Nacht.
Ich bin nicht allein.
Du kannst mich stärken.
Immer wieder.

Ich gebe mich Dir ab
in dieser Nacht
und vertraue darauf,
dass Du mich
mit neuer Kraft ausstattest,
sodass ich dem nächsten Tag
gesegnet und gestärkt
entgegenschlummern darf.
Hierfür danke ich Dir
aus tiefem Herzen.
Amen.

Diana Schmid

Der Tag ist die Grenze unseres Sorgens und Mühens.
Er ist lang genug, um Gott zu finden oder zu verlieren,
um Glauben zu halten oder in Sünde und Schande zu fallen.
Darum schuf Gott Tag und Nacht,
damit wir nicht im Grenzenlosen wanderten,
sondern am Morgen schon
Ziel des Abends vor uns sähen.

Dietrich Bonhoeffer (1906–1945)

ich kleide mich
in mein nächtliches Gewand
lege mich zur Ruhe
atmend lasse ich Gedanken los
befreie mich in entspanntes Sein

ich öffne dir die Tür
mütterlicher und väterlicher Gott
damit du mir
in Träumen
und wohligem Schlaf
dein Schlaflied singen kannst
damit in mir
Bilder und Worte aufsteigen können
die mir am Ende der Nacht
Zuversicht für mein Leben schenken
und die Kraft
den neuen Tag
nach deinem Farbenspiel
zu gestalten

Angelika Gassner

Abend sucht schöne Träume

Wer lässt uns Gutes schauen?
HERR, lass dein Angesicht über uns leuchten!
Du legst mir größere Freude ins Herz,
als andere haben bei Korn und Wein in Fülle.
In Frieden leg ich mich nieder und schlafe;
denn du allein, HERR, lässt mich sorglos wohnen.

Psalm 4,7-9

Gott der Liebe

Lass deine Liebe
wie ein Stern in das Dunkel
meines Schlafes hineinschauen
und wie ein Morgenlicht
mein Erwachen begrüßen.
Lass mein Leben deine Liebe
in sich tragen –
wie die Harfe ihre Musik,
bis ich beides vereint
dir zurückgebe.

Rabindranath Tagore (1861–1941)

Da hatte er einen Traum:
Siehe, eine Treppe stand auf der Erde,
ihre Spitze reichte bis zum Himmel.
Und siehe: Auf ihr stiegen Engel Gottes auf und nieder.

Und siehe, der HERR stand vor ihm und sprach:
Ich bin der HERR, der Gott deines Vaters Abraham
und der Gott Isaaks. Das Land, auf dem du liegst,
will ich dir und deinen Nachkommen geben.

Deine Nachkommen werden zahlreich sein
wie der Staub auf der Erde.
Du wirst dich nach Westen und Osten,
nach Norden und Süden ausbreiten
und durch dich und deine Nachkommen werden
alle Sippen der Erde Segen erlangen.

Siehe, ich bin mit dir, ich behüte dich,
wohin du auch gehst, und bringe dich zurück in dieses Land.
Denn ich verlasse dich nicht, bis ich vollbringe,
was ich dir versprochen habe.

Jakob erwachte aus seinem Schlaf und sagte:
Wirklich, der HERR ist an diesem Ort
und ich wusste es nicht.

Genesis 28,12-16

Nachtsegen

Wenn die Lichter verlöschen,
gesegnet sei das Dunkel.
Wenn der Lärm verstummt,
gesegnet sei die Stille.
Die Sterne mögen dein Dunkel erhellen
und ihre Melodie deine Stille füllen.

Roland Breitenbach / Stefan Philipps

Es ist umsonst, dass ihr früh aufsteht
und euch spät erst niedersetzt,
um das Brot der Mühsal zu essen;
was recht ist, gibt der HERR
denen, die er liebt, im Schlaf.

Psalm 127,2

Lieber Gott, ich schlaf nun ein.
Schicke mir ein Engelein,
dass es treulich bei mir wacht
in der langen, dunklen Nacht.
Schütze alle, die ich lieb!
Alles Böse mir vergib!
Und kommt der helle Morgenschein,
dann lass mich wieder fröhlich sein.
Amen.

Volksgut

Noch ein wenig schlafen, noch ein wenig schlummern,
noch ein wenig die Arme verschränken, um auszuruhen.

Sprichwörter 6,10

Gruß an Maria

Liebste Mutter,
wolltest schauen
auf dein Volk,
das mit Vertrauen
dich als seine Mutter ehrt,
von dir Hilf und Trost begehrt.

Segne uns
in deinem Herzen,
tröste uns
in unsern Schmerzen,
steh uns bei in aller Not
zeig uns Jesus nach dem Tod.

Hildegard von Bingen (1098–1179)

Als die Sterndeuter wieder gegangen waren,
siehe, da erschien dem Josef im Traum
ein Engel des Herrn und sagte:
Steh auf, nimm das Kind und seine Mutter
und flieh nach Ägypten; dort bleibe,
bis ich dir etwas anderes auftrage;
denn Herodes wird das Kind suchen, um es zu töten.

Da stand Josef auf und floh in der Nacht
mit dem Kind und dessen Mutter nach Ägypten.

Dort blieb er bis zum Tod des Herodes.
Denn es sollte sich erfüllen,
was der Herr durch den Propheten gesagt hat:
Aus Ägypten habe ich meinen Sohn gerufen.

Matthäus 2,13-15

Ich wünsche ...

Ich wünsche mir schöne Träume.
Solche, die meine Seele nähren
und mich des Nachts erfrischen.

Ich wünsche mir, dass jemand sagt:
träum schön
und schlaf selig.

Ich träume, dass auch ich mir sagen kann:
Jetzt träum du schön
und schlaf selig.

Dieses Traumsagen
nährt meine Seele
und erfrischt mich.

Des Morgens erwache ich
genährt
erfrischt
und sage verträumt:

Ich wünsche
traumhaft Schönes,
Nahrhaftes,
Erfrischendes.

Ich wünsche,
dass ich des Nachts
von Nährendem und
Belebendem
aus meinem heutigen Tag
wundersam schön träumen kann.

Diana Schmid

Die Nacht ist vorgedrungen,
der Tag ist nicht mehr fern.
So sei nun Lob gesungen
dem hellen Morgenstern.
Auch wer zur Nacht geweinet,
der stimme froh mit ein.
Der Morgenstern bescheinet
auch deine Angst und Pein.

Noch manche Nacht wird fallen
auf Menschenleid und -schuld.
Doch wandert nun mit allen
der Stern der Gotteshuld.

Beglänzt von seinem Lichte,
hält euch kein Dunkel mehr;
von Gottes Angesichte
kam euch die Rettung her.

Gott will im Dunkeln wohnen
und hat es doch erhellt.
Als wollte er belohnen,
so richtet er die Welt.
Der sich den Erdkreis baute,
der lässt den Sünder nicht.
Wer hier dem Sohn vertraute,
kommt dort aus dem Gericht.

Jochen Klepper (1903–1942)

Vater im Himmel,
wie gut, dass es dich gibt.
Danke, dass du bei mir bist.
Danke, dass du mich liebst.
Danke, dass du mich beschützt.
Wie gut, dass es dich gibt.
Amen.

Verfasser unbekannt

Gott, mein Gott bist du, dich suche ich,
es dürstet nach dir meine Seele.

Nach dir schmachtet mein Fleisch wie dürres,
lechzendes Land ohne Wasser.

Darum halte ich Ausschau nach dir im Heiligtum,
zu sehen deine Macht und Herrlichkeit.

Denn deine Huld ist besser als das Leben.
Meine Lippen werden dich rühmen.

So preise ich dich in meinem Leben,
in deinem Namen erhebe ich meine Hände.

Wie an Fett und Mark wird satt meine Seele,
mein Mund lobt dich mit jubelnden Lippen.

Ich gedenke deiner auf meinem Lager
und sinne über dich nach, wenn ich wache.

Ja, du wurdest meine Hilfe,
ich juble im Schatten deiner Flügel.

Meine Seele hängt an dir, fest hält mich deine Rechte.

Psalm 63,2-9

Seht, die gute Zeit ist nah,
Gott kommt auf die Erde.
Kommt und ist für alle da,
kommt, dass Friede werde.

Christus kommt in unsere Zeit!
Heiland ist sein Name!
Macht euch alle freudig bereit,
lobet seinen Namen!

Tageshell wird dunkelste Nacht.
Alle Welt soll singen:
„Frieden hat uns Christus gebracht",
lasst die Herzen klingen!

Gottes Sohn steigt zu uns herab.
Christen freut euch seiner!
Lobt ihn, der das Leben uns gab!
Heilig ist nur einer.

Hymnus

Gott, segne unseren Schlaf
und führe uns in unseren Träumen.
Gott, stärke uns und schenke uns
neue Kraft für den nächsten Tag.
Gott, begleite uns durch diese Zeit
bis in alle Ewigkeit.
Amen.

Segen

Während er noch darüber nachdachte,
siehe, da erschien ihm
ein Engel des Herrn im Traum und sagte:
Josef, Sohn Davids, fürchte dich nicht,
Maria als deine Frau zu dir zu nehmen;
denn das Kind, das sie erwartet,
ist vom Heiligen Geist.

Matthäus 1,20

Nun sich der Tag geendet hat
und keine Sonn mehr scheint,
schläft alles, was sich abgematt
und was zuvor geweint.

Nur du, mein Gott, hast keine Rast,
du schläfst und schlummerst nicht;
die Finsternis ist dir verhasst,
denn du bist selbst das Licht.

Gedenke, Herr, doch auch an mich
in dieser schwarzen Nacht
und schenke du mir gnädiglich
den Schutz von deiner Wacht.

Weicht, nichtige Gedanken, hin,
wo ihr habt euren Lauf,
ich baue jetzt in meinem Sinn
Gott einen Tempel auf.

Drauf tu ich meine Augen zu
und schlafe fröhlich ein,
mein Gott wacht jetzt in meiner Ruh;
wer wollt doch traurig sein?

1. Str. Adam Krieger (1634–1666);
2.–5. Str. Johann Friedrich Herzog (1625–1679)

Zwei Jahre später hatte der Pharao einen Traum:
Siehe, er stand am Nil.

Siehe, aus dem Nil stiegen
sieben Kühe von schönem Aussehen
und fett im Fleisch und weideten im Riedgras.

Nach ihnen stiegen sieben andere Kühe aus dem Nil;
sie waren von hässlichem Aussehen
und mager im Fleisch.
Sie stellten sich neben die Kühe am Ufer des Nils.

Und die hässlichen, mageren Kühe fraßen
die sieben schön aussehenden und fetten Kühe auf.
Dann erwachte der Pharao.

Er schlief aber wieder ein und träumte ein zweites Mal:
Siehe, an einem einzigen Halm wuchsen
sieben Ähren, prall und schön.

Doch siehe: Nach ihnen wuchsen sieben kümmerliche,
vom Ostwind ausgedörrte Ähren.

Die kümmerlichen Ähren verschlangen
die sieben prallen, vollen Ähren.
Der Pharao wachte auf: Siehe, es war ein Traum.

Am Morgen fühlte er sich beunruhigt;
er schickte hin und ließ alle Wahrsager
und Weisen Ägyptens rufen.
Der Pharao erzählte ihnen seine Träume,
doch keiner war da, der sie ihm deuten konnte.

Der Pharao sagte zu Josef:
Ich hatte einen Traum, doch keiner kann ihn deuten.
Von dir habe ich aber gehört,
du brauchst einen Traum nur zu hören,
dann kannst du ihn deuten.

Josef antwortete dem Pharao:
Nicht ich, sondern Gott
wird zum Wohl des Pharao eine Antwort geben.

Genesis 41,1-8.15-16

Gott, du schenkst Ruhe und Frieden
in den Nächten unseres Lebens.
Schenke uns ein demütiges Herz,
das dir vertraut und in der Geborgenheit erfährt.
Amen.

Psalm-Gebet

Über vieles, was uns bewegt,
können wir uns nie ganz verständlich machen
...
Darüber kann ich nur mit Gott reden.

Johann Wolfgang von Goethe (1749–1832)

Gott unserer Tage,
die Nacht naht,
und wir kommen zur Ruhe.
Erfülle die Stille,
die sich nun tief um uns breitet,
mit der Zärtlichkeit deiner Gegenwart
und bewahre uns vor Verzweiflung und Angst.
Schenke uns einen erholsamen Schlaf,
damit wir morgen erfrischt
und froh an unsere Aufgaben herangehen können.
Darum bitten wir
durch Christus, unseren Bruder und Herrn.
Amen.

Gebet

Alles kommt von Dir

Alles, ewiger Gott, kommt von Dir:
Schutz und Gefahr, Licht und Finsternis.
Ich danke Dir, dass ich das weiß.

Nichts geschieht von selbst.
Dass es Tag wird, danke ich Dir,
und dass es Nacht wird
und der Tag sein Ende findet.
Nichts ist selbstverständlich,
was bei Tag oder Nacht geschieht.

Millionen Jahre waren, ehe es mich gab.
Jahrmillionen werden vielleicht nach mir sein.
Irgendwo in ihrer Mitte
sind ein paar Sommer,
in denen für mich Tag ist auf dieser Erde.
Für diese Spanne Zeit danke ich Dir.
Es ist nicht mein Recht, dass ich sie genieße.

Alles, was geschieht,
ist ein Geschenk für mich.
Alle Wahrheit, die ich verstehe,
ist ein Geschenk,
alle Liebe, die ich gebe oder empfange,
alle Lebenskraft, die mich erfüllt.

Alles, was mir einfällt, ist Dein Gedanke.
Von wo sollte es mir einfallen,
wenn nicht von Dir?

Alles, was mir zufällt, ist Deine Gabe.
Von wem sollte es mir zufallen,
wenn nicht von Dir?

Was ich bin und habe, ist Dein Geschenk.
Denn in allem schaue ich Dich.
Gott, ich danke Dir,
ich danke Dir mit meinem ganzen Herzen.

Verfasser unbekannt

Herr, schenke uns eine ruhige Nacht

Herr, schenke uns eine ruhige Nacht
und erholsamen Schlaf.
Was wir heute durch Wort und Werk
an Gutem ausgesät haben,
das lass Wurzel schlagen und wachsen
und heranreifen für die ewige Ernte.
Darum bitten wir durch Christus,
unseren Herrn.

Eine ruhige Nacht und ein gutes Ende
gewähre uns der allmächtige Herr.
Amen.

Verfasser unbekannt

Süß ist der Schlaf des Arbeiters,
ob er wenig oder viel zu essen hat.
Dem Reichen raubt sein voller Bauch die Ruhe des Schlafs.

Kohelet 5,11

Denn einmal redet Gott und zweimal,
man achtet nicht darauf.

Im Traum, im Nachtgesicht,
wenn tiefer Schlaf auf die Menschen fällt,
im Schlummer auf dem Lager,

da öffnet er der Menschen Ohr
und schreckt sie auf durch Warnung,

um von seinem Tun den Menschen abzubringen,
den Hochmut aus dem Manne auszutreiben.

Iiob 33,14-17

Der Tag nimmt ab

Der Tag nimmt ab.
Ach schönste Zier,
Herr Jesu Christ,
bleib du bei mir;
es will nun Abend werden.
Lass doch dein Licht
auslöschen nicht
bei uns allhier auf Erden.

Aus Königsberg (1597)

QUELLEN- UND COPYRIGHTHINWEISE

Wir danken herzlich für die erteilten Abdruckgenehmigungen.

Bevor des Tages Licht vergeht, Abend- und Nachtgebete für Gruppen, Te Deum.extra © Verlag Katholisches Bibelwerk, Stuttgart 2006, © Ars Liturgica Buch- & Kunstverlag, Maria Laach 2006

Fabian Brand, © bei dem Autor, mit freundlicher Genehmigung

Roland Breitenbach, Mein Wort in Gottes Ohr, Neue Psalmengebete, © Verlag Katholisches Bibelwerk GmbH, Stuttgart 2014; Führe mich durch diesen Tag, Gebete in guten und schlechten Zeiten, © Ein camino.-Buch aus der Verlag Katholisches Bibelwerk GmbH, Stuttgart 2018

Roland Breitenbach, Stefan Philipps, Nimm Gottes Melodie an und lebe, Segensworte für dein Leben, © Verlag Katholisches Bibelwerk GmbH, Stuttgart 2015

Angelika Gassner, © bei der Autorin, mit freundlicher Genehmigung

Laura Heinrich, Bernhard Sill (Hrsg.), Beten, Wort sucht Gott, © Verlag Katholisches Bibelwerk GmbH, Stuttgart 2018

Christian Kuster, © bei dem Autor, mit freundlicher Genehmigung

Jens Maierhof, Wachet auf, ruft uns die Stimme, Geistliche Auszeiten im Advent für Gruppen, Te Deum.extra, © Verlag Katholisches Bibelwerk GmbH, Stuttgart 2011, © Ars Liturgica Buch- & Kunstverlag, Maria Laach 2011

Laura Maurer, Bernhard Sill (Hrsg.), Beten, Wort sucht Gott, © Verlag Katholisches Bibelwerk GmbH, Stuttgart 2018

Robert Mucha, © bei dem Autor, mit freundlicher Genehmigung

Luzia Rieß, Bernhard Sill (Hrsg.), Beten, Wort sucht Gott, © Verlag Katholisches Bibelwerk GmbH, Stuttgart 2018

Hanns Sauter, © bei dem Autor, mit freundlicher Genehmigung

Diana Schmid, © bei der Autorin, mit freundlicher Genehmigung; Dieselbe (Hrsg.), Irische Segensgebete, © camino.-Buch aus der Verlag Katholisches Bibelwerk GmbH, Stuttgart 2018

Maria Schmitt, Bernhard Sill (Hrsg.), Beten, Wort sucht Gott, © Verlag Katholisches Bibelwerk GmbH, Stuttgart 2018

Paul Weismantel, Segensgebete, Für das Jahr – Für das Leben, © camino.-Buch aus der Verlag Katholisches Bibelwerk GmbH, Stuttgart 2017; Wie deine Sehnsucht grünt, Segensgebete, © camino.-Buch aus der Verlag Katholisches Bibelwerk GmbH, Stuttgart 2019

Die Ständige Kommission für die Herausgabe der gemeinsamen liturgischen Bücher im deutschen Sprachgebiet erteilte für die aus diesen Büchern entnommenen Texte die Abdruckerlaubnis. Die darin enthaltenen biblischen Texte sind Bestandteil der von den Bischofskonferenzen des deutschen Sprachgebietes approbierten revidierten Einheitsübersetzung der Heiligen Schrift (2016). © staeko.net

Bei einigen Texten war es trotz gründlicher Recherche nicht möglich, die Rechteinhaber der Texte ausfindig zu machen. Honoraransprüche bleiben im üblichen Rahmen bestehen.